MUSIC QUEENS

UNE HISTOIRE DU GIRL POWER
ET DE LA POP... EN CHANSONS !

MIXTE
Papier issu de sources responsables
FSC® C106600
FSC www.fsc.org

D'après la série MUSIC QUEENS, écrite par Rebecca Manzoni, Leslie Plée et Emilie Valentin, réalisée par Amandine Fredon, produite par ARTE France, La Générale de Production, Foliascope

Responsables d'édition : Yaël Eckert (Bayard Éditions) & Isabelle Pailler (ARTE Éditions)

Direction artistique : Bayard Éditions
Lettrage de couverture et maquette : Julia Lamoureux

Bayard, 18 rue Barbès, 92120 Montrouge
ARTE, 8 rue Marceau 92130 Issy-les-Moulineaux – arte.tv

ISBN : 978-2-227-50106-5

Dépôt légal : mai 2023

Achevé d'imprimer en mai 2023 en Slovénie par DZS

REBECCA MANZONI ÉMILIE VALENTIN LESLIE PLÉE

MUSIC QUEENS

UNE HISTOIRE DU GIRL POWER ET DE LA POP... EN CHANSONS !

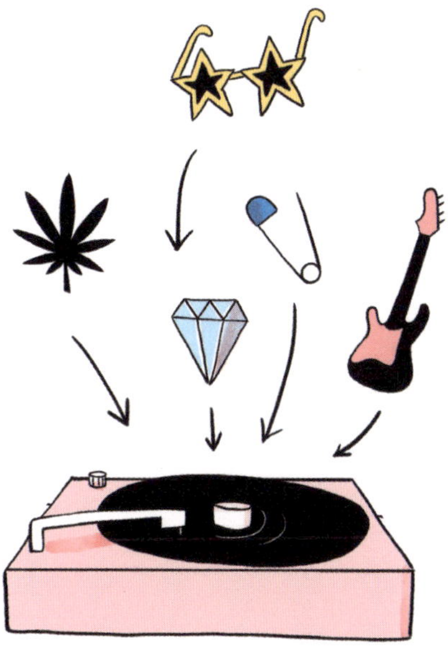

arte EDITIONS bayard graphic'

«Gloooooooooooria ! G.L.O.R.I.A ! Glooooooooooria !»

J'ai hurlé (plus que chanté) ce prénom-refrain
dans ma chambre, sur la piste
ou dans la fosse d'une salle de concert en me lançant
dans les couplets avec un anglais plus qu'approximatif.
Gloria, chanson reprise par Patti Smith en 1975.

Et je n'ai pas su tout de suite.
Pas su que cette chanson,
en plus d'être une balise dans l'histoire du rock,
faisait entrer les femmes dans une nouvelle ère.

C'est toute la puissance des chansons :
elles nous plaisent sans explication
et entrent dans nos vies sans prévenir.
Elles deviennent nôtres et nous façonnent mine de rien,
par le son, le texte, l'attitude de l'interprète.

Le livre que vous avez entre les mains
célèbre le pouvoir des chansons et dix artistes,
qui incarnent la liberté d'être elles-mêmes
sur disque ou sur scène.
De Nina Simone à Beyoncé, en passant par Anne Sylvestre,
chacune a ainsi changé nos yeux, nos oreilles,
notre façon de nous percevoir que nous soyons il, elle ou iel.
Autant dire que toutes ont largement contribué
à changer le monde.

Rebecca Manzoni

NİNA SİMONE

QUAND **NINA SIMONE** A CHANTÉ **AIN'T GOT NO, I GOT LIFE**

EN 1968, **NINA SIMONE** A 35 ANS.
ET ELLE A UNE VOIX. UNE DOUBLE VOIX.

DANS LES RUES DE NEW YORK, ELLE CAPTE LES ÉCHOS D'UNE JEUNESSE DONT LA COLÈRE RÉSONNE EN ELLE.
LA BANDE SON DE CETTE COLÈRE PLUS PRÉCISÉMENT.
DEUX CHANSONS INTERPRÉTÉES PAR DES HIPPIES DE 20 ANS PRO-DROGUES, PRO-AMOUR LIBRE ET ANTI-GUERRE DU VIETNAM.
HAIR
CES DEUX CHANSONS SONT DES INVENTAIRES.
DE CE QUE LES PERSONNAGES DU SPECTACLE N'ONT PAS,
– **AIN'T GOT NO**
AINT' GOT NO SHOES.
ET DE CE QU'ILS ONT.
– **I GOT**
I GOT MY ASS !

TOUT CELA RENVOIE NINA SIMONE À SON ENFANCE, EN CAROLINE DU NORD. OÙ ELLE N'AVAIT RIEN. OU SI PEU.

CE QU'ELLE AVAIT ? UN RÊVE. UN GRAND RÊVE.

ET PAS N'IMPORTE LAQUELLE :

OR, CELLE QUI S'APPELLE ENCORE **EUNICE WAYMON** EST UNE FEMME NOIRE EN PLEINE SÉGRÉGATION RACIALE.

QUAND, LORS D'UN RÉCITAL, SES PARENTS DOIVENT QUITTER LEUR PLACE AU PREMIER RANG POUR LA LAISSER À DES BLANCS, SA VOLONTÉ SE RENFORCE.

ON LES LAISSERA S'ASSEOIR DEVANT.

MAIS LA PRESTIGIEUSE ÉCOLE QUI LUI PERMETTRAIT DE RÉALISER SON RÊVE LA REFUSE.

PIANO AUDITIONS

April 7, 1951 ... Eunice Waymon ... Not accepted

LE RÊVE DISPARAÎT.

À 20 ANS, EUNICE DEVIENT

NINA SIMONE.

NINA,
CAR UN ANCIEN AMOUREUX
LA SURNOMMAIT "**NIÑA**"
- PETITE EN ESPAGNOL -

ET **SIMONE**...
COMME SIGNORET,
L'ACTRICE.

L'IDÉE, C'EST DE CACHER À SA FAMILLE, TRÈS CROYANTE, QU'ELLE JOUE LA "MUSIQUE DU DIABLE" DANS DES CLUBS D'ATLANTIC CITY.

SON SUCCÈS EST MONDIAL...
SON IDENTITÉ EST RAPIDEMENT PERCÉE À JOUR.

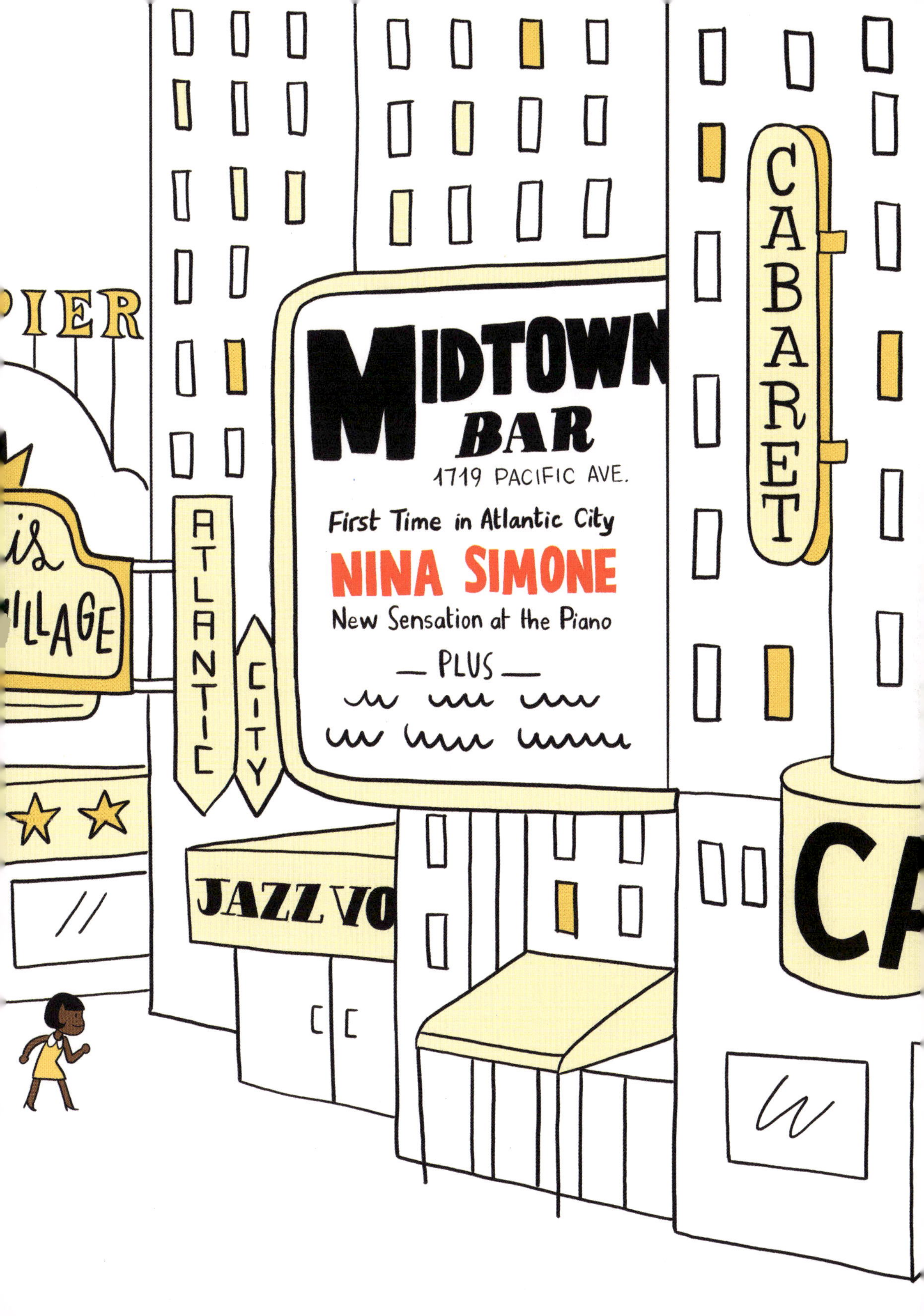
MIDTOWN
BAR
1719 PACIFIC AVE.
First Time in Atlantic City
NINA SIMONE
New Sensation at the Piano
— PLUS —
ATLANTIC
CITY
CABARET
JAZZ

ET TANDIS QUE LA CARRIÈRE DE NINA SIMONE GRANDIT, LES DROITS CIVIQUES PROGRESSENT, LA SÉGRÉGATION RECULE.

PUIS, LE 4 AVRIL 1968, **MARTIN LUTHER KING** EST ASSASSINÉ.

ALORS, NINA FAIT SIENNE LA COLÈRE DES JEUNES HIPPIES DE **HAIR**.

ELLE REPREND LEURS CHANSONS, LEURS INVENTAIRES.

DE CES DEUX MORCEAUX, NAÎT UN TITRE UNIQUE, **AIN'T GOT NO, I GOT LIFE**, ENREGISTRÉ SUR SCÈNE TROIS JOURS APRÈS LA MORT DU RÉVÉREND. EN SON HONNEUR.

UN INVENTAIRE EN DEUX TEMPS
QUI RACONTE TOUT D'ABORD
TOUT CE QUE LES NOIRS N'ONT PAS :

"L'ACCÈS À L'ÉDUCATION,
UN SALAIRE ÉGAL
À CELUI DES BLANCS,
UN LOGEMENT..."

MAIS AUSSI CE QU'ILS ONT :
"LEUR CORPS, LEUR ÂME,
LEUR LIBERTÉ."
LA COLÈRE A LAISSÉ PLACE
À LA FIERTÉ, LA FIERTÉ D'EXISTER,
ENVERS ET CONTRE TOUT.

ÊTRE NOIR ET ÊTRE UNE FEMME,
C'EST UN COMBAT AU CARRÉ.

L'ÉNUMÉRATION DE NINA SIMONE
EST UNE AFFIRMATION DE SON IDENTITÉ.
UNE FEMME NOIRE, AMÉRICAINE, ET FIÈRE.

AUX ÉTATS-UNIS,
ON PARLE DE

BLACK FEMINISM.

ON EN EST ALORS AUX PRÉMICES.

AIN'T GOT NO, I GOT LIFE
POURRAIT EN ÊTRE LA B.O.

JANIS JOPLIN

QUAND

JANIS JOPLIN

A CHANTÉ

PIECE OF MY HEART

JANIS EST NÉE AU TEXAS ET ELLE VIT ALORS À SAN FRANCISCO, EN CALIFORNIE, OÙ LE MOUVEMENT HIPPIE EST EN PLEINE APOGÉE.

L'HEURE EST AUX CHEVEUX LONGS, AUX FRINGUES DE SECONDE MAIN ET AU ROCK PSYCHÉDÉLIQUE
C'EST JUSTEMENT À CETTE CATÉGORIE MUSICALE QU'APPARTIENT **BIG BROTHER & THE HOLDING COMPANY,** LE GROUPE DONT JANIS EST LA CHANTEUSE.
JANIS JOPLIN
WITH BIG BROTHER AND THE HOLDING CO.

ENSEMBLE, ILS ONT RÉCEMMENT RETOURNÉ LE PUBLIC DU PLUS GRAND RASSEMBLEMENT HIPPIE JAMAIS ORGANISÉ À L'ÉPOQUE (WOODSTOCK N'A PAS ENCORE EU LIEU !)

MAMA CASS, DE **THE MAMAS AND THE PAPAS**, RESTE BOUCHE BÉE DEVANT LA VOIX BLUES DE JANIS.

ALBERT GROSSMAN LEUR TEND UN CONTRAT.

ET COLUMBIA RECORDS SIGNE LEUR PROCHAIN ALBUM.

MANAGER DE **BOB DYLAN**

C'EST LÀ QU'ON RETROUVE LES MICHES FROIDES DE JANIS.

ET PENDANT UNE RÉPÉTITION...

*LA SŒUR D'ARETHA

LA CHANSON EST FAITE POUR JANIS.
PIECE OF MY HEART
C'EST UNE CHANSON D'AMOUR PAS COMME LES AUTRES...
ENFIN... PAS COMME LES AUTRES QUAND C'EST JANIS QUI LA CHANTE.
DANS CETTE CHANSON, UNE FEMME PROPOSE À UN HOMME DE LUI BRISER LE CŒUR ENCORE UN PEU PLUS. ET ÇA SONNE COMME UN DÉFI !
OH TAKE IT, TAKE ANOTHER LITTLE PIECE OF MY HEART NOW, BABY!
OH BREAK IT!
OH BREAK IT!

BRISE-MOI LE CŒUR, DONC. TANT PIS, SI C'EST LE PRIX À PAYER POUR AIMER COMME ON PREND LE GRAND HUIT.

JANIS JOPLIN PRÉFÈRE ÇA À LA TIÉDEUR. ET ÇA S'ENTEND.

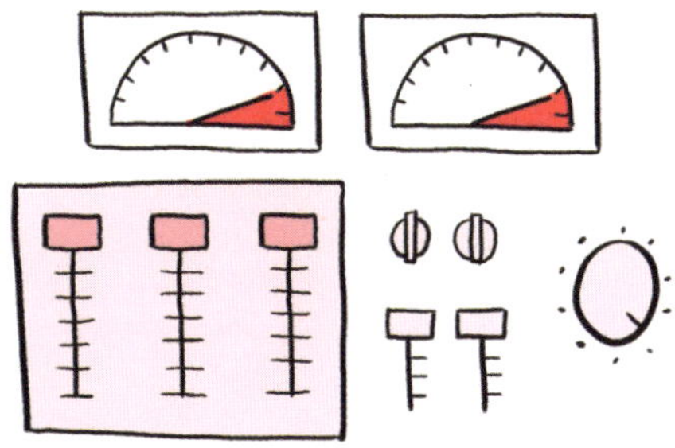

PIECE OF MY HEART SERA LE SINGLE.

PRODUCTEUR DE LA MAISON DE DISQUE

CE SERA DONC :

CHEAP THRILLS

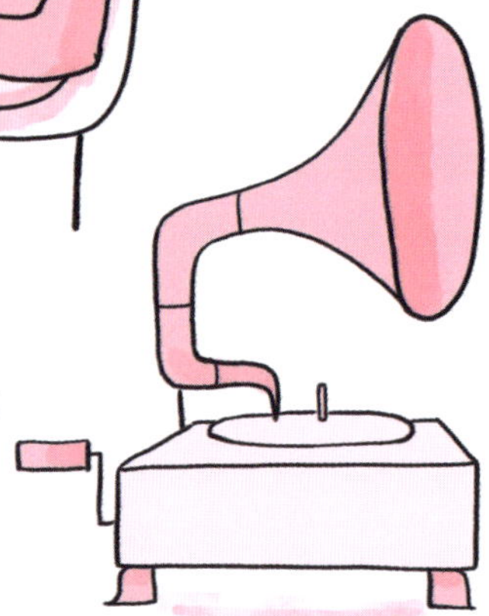

LA POCHETTE EST ILLUSTRÉE PAR **ROBERT CRUMB**

LE DISQUE ATTEINT **LA PREMIÈRE PLACE.**

APRÈS AVOIR ÉTÉ
LE VILAIN PETIT CANARD
DE SON LYCÉE TEXAN,
JANIS JOPLIN DEVIENT
LA DÉESSE DE
LA **GÉNÉRATION HIPPIE**
QUI ÉMERGE ALORS
ET QUI SE RECONNAÎT
DANS SA SOUFFRANCE
ET SON ENVIE DE LIBERTÉ

ELLE ATTEINT AINSI UN STATUT ENCORE INÉDIT DANS LE ROCK'N'ROLL : CELUI DE **ROCKSTAR**, À L'ÉGAL DES HOMMES, SUR LA MÊME MARCHE DU PODIUM QUE JIMI HENDRIX OU JIM MORRISON. **LA TOUTE PREMIÈRE FEMME STAR DU ROCK**.

SEUL HIC, L'ATTENTION MÉDIATIQUE PORTÉE SUR JOPLIN L'ISOLE DU RESTE DU GROUPE...

...QU'ELLE QUITTE L'ANNÉE SUIVANTE.

C'EST SANS EUX, EN 1969, QU'ELLE JOUE
PIECE OF MY HEART SUR LA SCÈNE DE
WOODSTOCK.

ET C'EST SANS EUX, EN 1970, QU'ELLE MEURT D'UNE OVERDOSE.

PARCE QUE LE DÉSESPOIR DE JANIS JOPLIN N'ÉTAIT PAS "CHEAP", MAIS AUSSI PROFOND QUE SA VOIX.

ANNE
SYLVESTRE

QUAND
ANNE SYLVESTRE
A CHANTÉ
NON, TU N'AS PAS DE NOM

DÈS LES ANNÉES 1950, **ANNE SYLVESTRE** IMPOSE SES TEXTES, SES MÉLODIES, SA FRANGE ET SA GUITARE SUR DES SCÈNES JUSQU'ALORS FRÉQUENTÉES UNIQUEMENT PAR DES HOMMES.

AU DÉBUT DES ANNÉES 1970, **ANNE SYLVESTRE** MONTE MOINS SUR SCÈNE, ELLE EST PEU MÉDIATISÉE, ET VOIT BIEN QUE SA MAISON DE DISQUES LA CONSIDÈRE COMME UNE ARTISTE "DU PASSÉ".

EXIT LA MAISON DE DISQUES.
ELLE MONTE LA SIENNE,
ET SORT UN ALBUM
SUR LEQUEL FIGURE UNE CHANSON
QUI ABORDE UN SUJET
ENCORE TOTALEMENT INÉDIT :
CHOISIR D'AVOIR
UN ENFANT. OU PAS.
UNE CHANSON SUR
LE PRÉSENT DES FEMMES.

LE DROIT À L'AVORTEMENT EST LA GRANDE QUESTION QUI FAIT DÉBAT EN 1974 EN FRANCE.

PENDANT QUE **SIMONE VEIL** S'ADRESSE À L'ASSEMBLÉE NATIONALE...

... UNE FEMME QUI AVORTE PEUT ÊTRE CONDAMNÉE À DE LA PRISON.

J'ÉTAIS ÉNERVÉE PAR TOUS CES MESSIEURS QUI PRÉTENDENT SAVOIR CE QU'IL SE PASSE DANS NOTRE VENTRE !
ALORS, ANNE SYLVESTRE TRANSFORME SON INDIGNATION EN CHANSON.

LA GROSSESSE,
SYNONYME D'ÉPANOUISSEMENT ?
APOGÉE D'UNE VIE DE FEMME ?

NON, TU N'AS PAS DE NOM
RACONTE UNE AUTRE RÉALITÉ.

COMME **ANNE SYLVESTRE** LE PRÉCISERA, CE N'EST PAS UNE CHANSON SUR L'AVORTEMENT.
C'EST UNE CHANSON SUR **LE CHOIX.**

"TU NE SERAS PAS MON CENTRE
QUE SAVENT-ILS DE MON VENTRE
PENSENT-ILS QU'ON EN DISPOSE
QUAND JE SUIS TANT D'AUTRES CHOSES"

CETTE CHANSON DOUCE, ÉCRITE COMME UNE BERCEUSE, EST D'UNE **GRANDE PUISSANCE POLITIQUE**.

IMMÉDIATEMENT JUGÉE "**PROBLÉMATIQUE**", ELLE PASSE TRÈS PEU À LA RADIO.

C'EST DANS LES RANGS DES MANIFESTATIONS POUR L'IVG QU'ELLE TROUVE SON ÉCHO : RECONNUE ALORS PAR LES FÉMINISTES COMME UNE CHANSON FÉDÉRATRICE IMPORTANTE, ELLE EST DEPUIS DEVENUE **UN HYMNE**.

LA LOI VEIL PASSE LE **17 JANVIER 1975**.

MAIS LA CHANSON D'**ANNE SYLVESTRE**
EN FAVEUR DU "CHOIX",
TOUT COMME SON COMBAT,
N'ONT RIEN PERDU DE LEUR ACTUALITÉ.

MARIANNE FAITHFULL

QUAND MARIANNE FAITHFULL A CHANTÉ THE BALLAD OF LUCY JORDAN

MARIANNE EVELYN GABRIEL FAITHFULL
EST CE QU'ON APPELLE UNE "JEUNE FILLE BIEN NÉE".

ELLE GRANDIT ENTRE ÉCOLE CATHOLIQUE ET TUBERCULOSE.

JUSQU'À CE QU'ELLE DÉCOUVRE LE THÉÂTRE ET AVEC LUI : LA SCÈNE.

IL FAUT DIRE QU'ON ENTRE ALORS
DANS LES ANNÉES 1960, À LONDRES

– QU'ON APPELLERA PLUS TARD
LES **SWINGING SIXTIES** –
ET QUE LA CAPITALE
EST LE CENTRE NÉVRALGIQUE
DE TOUT CE QUI SE FAIT
DE **PLUS COOL**

EN TERMES DE MODE,
DE DESIGN,
DE MUSIQUE...
DE TOUT, QUOI !

ET MARIANNE INCARNE PILE POIL L'ÉNERGIE DU SWINGING LONDON.

TELLEMENT, QU'**ANDREW LOOG OLDHAM**, LE MANAGER DES **ROLLING STONES**, LA REPÈRE DANS UNE FÊTE.

UN COMMENTAIRE QUI DONNE UNE PETITE IDÉE DE LA PLACE DES JEUNES FEMMES DANS LA POP.

MAIS C'EST COMME ÇA QUE MARIANNE ACCÈDE AU GRAAL : LA SCÈNE. ELLE DEVIENT CHANTEUSE.

À 17 ANS, ELLE INTERPRÈTE
UNE CHANSON ÉCRITE
PAR **LES ROLLING STONES**…

MARIANNE EST PROPULSÉE
ÉGÉRIE, STAR, MUSE.

LES TABLOÏDS SE RÉGALENT DE LA VOIR DÉGRINGOLER.
SA DÉCHÉANCE FASCINE. PUIS ON OUBLIE, UN PEU, **MARIANNE**

SI BIEN QUE, QUAND ELLE REVIENT, EN 1979, AVEC L'ALBUM **BROKEN ENGLISH**, PLUS PERSONNE NE L'ATTEND.
ET LE PREMIER SINGLE, JE VEUX QUE CE SOIT **THE BALLAD OF LUCY JORDAN.**
C'EST AVEC CETTE CHANSON QUE LE MONDE DÉCOUVRE LA NOUVELLE VOIX DE **MARIANNE FAITHFULL**.
UNE VOIX TRANSFORMÉE PAR LES ÉPREUVES,
UNE VOIX COMME UN VIEUX VELOURS RÂPÉ,
QUI RACONTE LA CHUTE, ET LA RENAISSANCE.
MARIANNE FAITHFULL N'A QUE 33 ANS, MAIS DÉJÀ PLUSIEURS VIES.

THE BALLAD OF LUCY JORDAN EST LA REPRISE D'UNE CHANSON ÉCRITE EN 1974 PAR L'AMÉRICAIN **SHEL SILVERSTEIN**.

UN MORCEAU DU PASSÉ QUE MARIANNE MODERNISE D'UN COUP DE SYNTHÉ MAGIQUE :

UN **MULTIMOOG**, CLAVIER À LA POINTE DE LA TECHNOLOGIE DE L'ÉPOQUE,

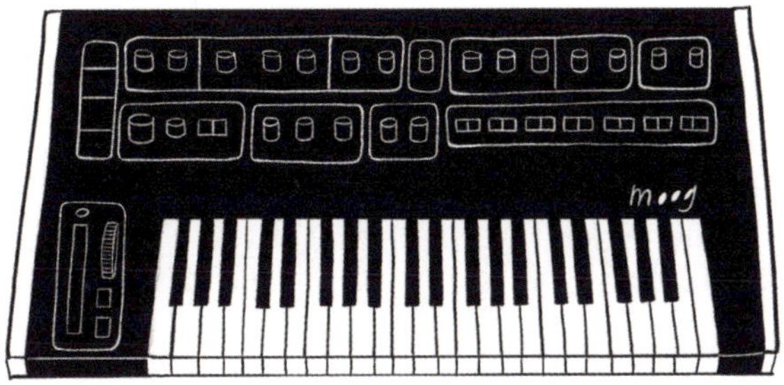

ET DESSINE LE FUTUR : **LA NEW WAVE**.

CETTE "BALLADE" EST
LA BANDE SON D'UNE FOLIE

CELLE DE **LUCY JORDAN**,
FEMME AU FOYER
QUI SE SENT PRISONNIÈRE
DE SON "WHITE SUBURBAN TOWN*",

ET QUI SOMBRE.

*SA VILLE DE BANLIEUE BLANCHE

AVEC CETTE CHANSON, **MARIANNE FAITHFULL** POINTE L'ALIÉNATION DES FEMMES

QU'ON SOIT UN " ANGE À GROS SEINS " OU UNE ÉPOUSE MODÈLE.

MARIANNE FAITHFULL ÉRIGE UN NOUVEAU MODÈLE, QUI MANQUAIT AU PAYSAGE : CELUI DE LA FEMME EN RÉDEMPTION, QUI ASSUME SES ERREURS ET SON PASSÉ.

PAS ÉTONNANT QUE, 12 ANS PLUS TARD, LA CHANSON RESSURGISSE POUR ACCOMPAGNER LA VIRÉE D'AUTRES INDOMPTÉES : **THELMA ET LOUISE**.

GRÂCE À CE DISQUE, **MARIANNE FAITHFULL**, FORTE DE SON PASSÉ, ET AVEC UN SON DU FUTUR, A TROUVÉ SA PLACE DANS LE MONDE DE LA MUSIQUE :

CELLE D'UNE ARISTOCRATE DU ROCK'N'ROLL.

PATTİ SMİTH

QUAND **PATTI SMITH** A CHANTÉ **GLORIA**

EN 1975, **PATTI SMITH** A 28 ANS ET ELLE EST EN TRAIN DE RÉINVENTER LA MUSIQUE.

MAIS ELLE NE LE SAIT PAS, PARCE QUE JUSQUE-LÀ, ELLE ÉTAIT POÈTE.

D'AILLEURS, 8 ANS PLUS TÔT, LORSQU'ELLE QUITTE LE FOYER FAMILIAL DE LA BANLIEUE DE PHILADELPHIE AVEC POUR SEUL BAGAGE

UNE TENUE DE SERVEUSE

ET UN EXEMPLAIRE DES **ILLUMINATIONS** DE **RIMBAUD**

PATRICIA LEE SMITH NE SAIT MÊME PAS VRAIMENT CE QU'ELLE VEUT.

PATTI SAIT ÉGALEMENT CE QU'ELLE QUITTE : LA PROMESSE D'UNE VIE ENTRE USINE ET CHÔMAGE.

ALORS PEU IMPORTE QU'ELLE SOIT FAUCHÉE QUAND ELLE DÉBARQUE À NEW YORK.
UN JOB MAL PAYÉ AU STOCK D'UNE LIBRAIRIE
LUI PERMET DE DÉVORER TOUT LE RAYON POÉSIE,
DE CONSACRER SA PAUSE DÉJEUNER À CONTEMPLER DES LIVRES D'ART
ET LE RESTE DE SON TEMPS, À ÉCRIRE, DESSINER, ET JOUER DE LA GUITARE.

TOUT LE MONDE, AUTOUR D'ELLE, SEMBLE VIVRE AINSI.

IL FAUT DIRE QU'ELLE DÉBARQUE À NEW YORK EN 1967, PILE PENDANT CE QU'ON APPELLERA ENSUITE LE "**SUMMER OF LOVE**".

LA PREMIÈRE FOIS QU'ELLE SE RETROUVE À LIRE DE LA POÉSIE SUR SCÈNE, LE TEXTE QU'ELLE CHOISIT, C'EST **OATH** (SERMENT).

GÉRARD MALANGA, UN PROTÉGÉ D'ANDY WARHOL

DANS LE PUBLIC, **ALLEN GINSBERG,** POÈTE FONDATEUR D'UN MOUVEMENT LITTÉRAIRE DE CONTRE-CULTURE APPELÉ LA "BEAT GENERATION".

LE POÈME DE PATTI SE TERMINE AINSI :
"JESUS DIED FOR SOMEBODY'S SINS BUT NOT MINE."

PATTI A GRANDI DANS LA FOI. MAIS PENDANT QUE SA MÈRE LUI APPRENAIT À PRIER,

ELLE APPRENAIT À DÉCLAMER.

C'EST AINSI QUE LE DERNIER VERS DE **OATH** DEVIENT LE DÉBUT D'UNE CHANSON : **GLORIA**.

ALORS OUI, GLORIA...
VOUS ALLEZ DIRE,
C'EST UNE REPRISE
DE **VAN MORRISON**

C'EST VRAI,
MAIS PAS QUE.

GRAND
SONGWRITER
IRLANDAIS

ET QUAND ELLE L'INTERPRÈTE AU **CBGB***,
OU EN STUDIO AVEC **JOHN CALE,** DU VELVET UNDERGROUND,
LES LETTRES QU'ELLE ÉPÈLE

NE SONT PLUS LE PRÉNOM D'UNE FILLE RENCONTRÉE
UN SOIR PAR UN VAN MORRISON, MAIS UN APPEL À LA GLOIRE.
LA GLOIRE, DANS SON SENS RELIGIEUX.

GLORIA IN EXCELSIS DEO,
"GLOIRE À DIEU
AU PLUS HAUT DES CIEUX",
EST UNE PRIÈRE
QUI ÉVOQUE LA PRÉSENCE
DIVINE SUR TERRE.

*CBGB : SCÈNE UNDERGROUND
DU SUD DE MANHATTAN

LA GLORIA DE **PATTI SMITH**,
C'EST LA PRÉSENCE DE L'ART, SUR TERRE.
LA CRÉATION, LA BEAUTÉ, L'INSPIRATION.

ALORS QUE LE ROCK DE L'ÉPOQUE S'INDUSTRIALISE, S'ÉQUIPE POUR LES STADES, ET DES SHOWS SON ET LUMIÈRE DESTINÉS À RASSEMBLER LES MASSES,

PATTI ENREGISTRE L'ALBUM **HORSES** EN NAGEANT À CONTRE-COURANT

LA PHOTO DE LA POCHETTE
EST SIGNÉE PAR
SON EX-PETIT AMI,
LE PHOTOGRAPHE
ROBERT MAPPLETHORPE.

QUAND ELLE S'APPUIE
AU MUR POUR LA PHOTO,
ELLE EST **BAUDELAIRE**.

QUANT AU RUBAN
AUTOUR DE SON COU,
C'EST CELUI DE **RIMBAUD**.

PATTI INVENTE AVEC CE DISQUE
LA POÉSIE DES POÈTES MAUDITS DE SON TEMPS :

LE PUNK NEW-YORKAIS

ET ELLE N'A PAS DE ROUGE À LÈVRES.

DEBBIE HARRY (BLONDIE)

QUAND **DEBBIE HARRY** A CHANTÉ **HEART OF GLASS**

1979, LE GROUPE S'APPELLE Blondie.

IL COMPTE CINQ MEMBRES, DONT QUATRE GARÇONS.

MAIS ON L'APPELLE BLONDIE, PARCE QUE, QUAND DEBBIE HARRY, LA CHANTEUSE DU GROUPE, MARCHE DANS LA RUE, LES HOMMES QUI LA SIFFLENT L'APPELLENT :

ET COMME, DANS LE GROUPE, C'EST ELLE QU'ON REGARDE...

L'HISTOIRE DE DEBBIE, C'EST CELLE D'UNE ENFANT ADOPTÉE QUI GRANDIT DANS LE NEW JERSEY ET QUI ROULE VERS MANHATTAN DÈS QU'ELLE A LE PERMIS.

ELLE SE LANCE AU "CBGB", CLUB MYTHIQUE OÙ SE PRODUIT TOUT L'UNDERGROUND DE NEW YORK (DONT PATTI SMITH).

TRÈS VITE, DEBBIE DEVIENT **BLONDIE**.

EN 1974, AVEC SON AMOUREUX,
ELLE ÉCRIT UNE CHANSON INTITULÉE :

L'HISTOIRE D'UNE FILLE QUI TOMBE AMOUREUSE.
MAIS TRÈS VITE, ELLE SE DEMANDE SI LE TYPE EN VAUT LA PEINE.
ET À LA FIN, ELLE LE TROUVE CARRÉMENT PÉNIBLE.

MAIS IMPOSSIBLE DE TROUVER
LES BONS ARRANGEMENTS
POUR CETTE CHANSON.
REGGAE ? ROCK ? DISCO ?
ALORS ELLE RESTE AU PLACARD.

VERS LA FIN DES ANNÉES 1970, **BLONDIE** INCARNE LE SUMMUM DU COOL.

UNDERGROUND, ☑
CULTE, ☑
POINTU, ☑
ROCK, ☑
NEW WAVE. ☑

TOUT LE CONTRAIRE DU DISCO, DONT L'AMÉRIQUE A ÉTÉ ÉCOEURÉE AVEC **SATURDAY NIGHT FEVER.**

À UN MOMENT, ON FAIT MÊME EXPLOSER DES VINYLES DE DISCO DANS UN STADE ! (DISCO DEMOLITION NIGHT)...

MAIS ÇA, DEBBIE S'EN FOUT.

SUR SCÈNE, ELLE REPREND PARFOIS LE TUBE DISCO DE **DONNA SUMMER** :

ET QUAND ELLE RESSORT SA CHANSON D'AMOUR DU TIROIR,

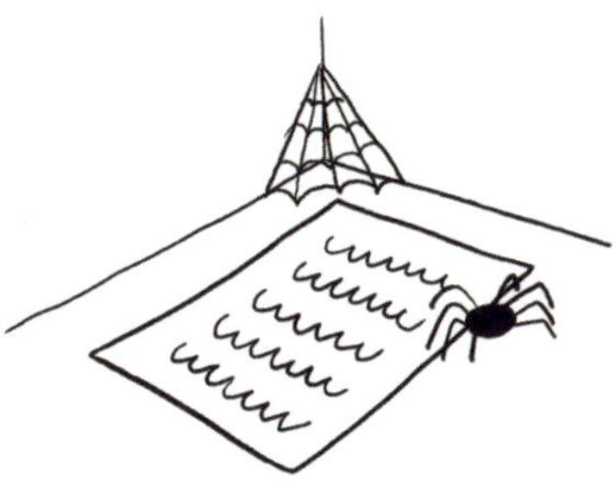

ELLE LUI TROUVE UN NOUVEAU TITRE AVANT D'ALLER EN STUDIO : **HEART OF GLASS.**

ET BLONDIE L'ENREGISTRE… À SA FAÇON.

UNE BOITE À RYTHME RÉVOLUTIONNAIRE QUI VIENT DE SORTIR (CR-78) AVEC BATTERIE "TRADITIONNELLE" PAR-DESSUS.
CompuRhythm CR-78
PLUSIEURS SYNTHÉS.
SON DISCO
MAIS UNE STRUCTURE
ROCK
ET UNE VOIX DE TÊTE DE DEBBIE QUI N'EST PAS SANS RAPPELER
Donna Summer
Blondie

DEBBIE NE CHOISIT PAS SON CAMP. ELLE EN DESSINE UN NOUVEAU.

DANS CETTE CHANSON, ELLE ENVOIE BOULER LES CODES DE L'UNIVERS POP-ROCK.

ROBE ARGENTÉE ET BLONDEUR PLATINE, ELLE RAVIVE LE MYTHE DE **MARILYN**.

JUSQU'À DEVENIR ICÔNE À SON TOUR.

À L'ÉPOQUE, DANS LE ROCK, LA FÉMINITÉ EST MAL VUE.

DANS CE DOMAINE, **PATTI SMITH** EST LA REINE.

AVEC UN SON PUNK-ROCK ET SON LOOK ANDROGYNE.

D'AILLEURS PATTI NE GOÛTE GUÈRE L'ARRIVÉE DE DEBBIE.

ELLE LA TRAITE MÊME DE :

DROITE DANS SES MULES, DEBBIE ASSUME.

ELLE POUSSE LE CURSEUR DE LA FÉMINITÉ, EN CHANTANT TRÈS HAUT. ELLE JOUE À FOND LA CARTE DU GLAMOUR. ET LE PUBLIC RÉPOND.

PAS TOUT LE PUBLIC. CERTAINS TRAITENT LE GROUPE DE VENDU, QUI FERAIT DE LA MUSIQUE COMMERCIALE.

CLAIREMENT, C'EST ELLE LE PATRON. EN MULES À TALONS !

HEART OF GLASS, EST L'HISTOIRE D'UN TUBE QUI DÉMONTRE QUE REVENDIQUER SA FÉMINITÉ ET FAIRE DU ROCK EST POSSIBLE.
PLUS TARD, UNE CERTAINE LOUISE CICCONE, DITE **MADONNA**... SAURA S'EN SOUVENIR.

MADONNA

QUAND
MADONNA
A CHANTÉ
LIKE A VIRGIN

LE 14 SEPTEMBRE 1984, LORS DE LA SOIRÉE DE REMISE DES **MTV VIDEO MUSIC AWARDS,**
LA CÉRÉMONIE QUI RÉCOMPENSE LES MEILLEURS CLIPS VIDÉO,
ON TROUVE **DAVID BOWIE** ET **CYNDI LAUPER** PARMI LES LAURÉATS.
LES SPECTATEURS SONT DONC PRÊTS À TOUT. CROIENT-ILS.
MAIS **MADONNA** ARRIVE.
AUSSI DIFFICILE À IMAGINER QUE CELA PUISSE ÊTRE AUJOURD'HUI, C'EST UNE QUASI-INCONNUE.
PLUS POUR LONGTEMPS.

CE SOIR-LÀ, **MADONNA** EST AU SOMMET D'UN GÂTEAU GÉANT.

ELLE PORTE UNE ROBE DE MARIÉE ET ELLE CHANTE "**LIKE A VIRGIN**", SE ROULE SUR SCÈNE, ET TERMINE SA CHANSON PORTE-JARRETELLE APPARENT.

C'EST CE QU'ON APPELLE, POUR LE MEILLEUR COMME POUR LE PIRE, "UN MOMENT DE TÉLÉ".

DERRIÈRE LEUR TÉLÉ, **BILLY STEINBERG** ET **TOM KELLY**, LES AUTEURS DE LA CHANSON, SE METTENT PROGRESSIVEMENT EN POSITION LATÉRALE DE SÉCURITÉ :

C'EST FICHU, C'EST FINI, APRÈS UNE PRESTATION PAREILLE, L'AMÉRIQUE PURITAINE VA EFFACER MADONNA DE LA CARTE ET LEUR CARRIÈRE AU PASSAGE.

MADONNA, ELLE, S'EN FOUT.

ET CE QUE VEUT **MADONNA LOUISE CICCONE**, C'EST DEVENIR UNE STAR. UNE SUPERSTAR.

C'EST CE QUI LA POUSSE, QUELQUES ANNÉES PLUS TÔT, À QUITTER SON MICHIGAN NATAL POUR TRIMER À NEW YORK,

OÙ ELLE JONGLE ENTRE PETITS BOULOTS ET COURS DE DANSE,

TOUT EN SE FAISANT PARFOIS EMBAUCHER SUR DES TOURNÉES POUR DANSER SUR SCÈNE DERRIÈRE DES MUSICIENS.

MAIS ELLE SAIT QUE SA PLACE
N'EST PAS À L'ARRIÈRE.

ELLE MONTE
DONC DES GROUPES,

PUIS DÉMARRE
SA CARRIÈRE SOLO,

ET LA VOILÀ, SUR CETTE SCÈNE, DANS SA ROBE EN TULLE, PRÊTE À TOUT. ELLE SAIT QU'ELLE TIENT UN TUBE.

CETTE CHANSON ET ELLE SONT FAITES L'UNE POUR L'AUTRE. ET PUIS IL Y A **NILE RODGERS**, MYTHIQUE MOITIÉ DE **CHIC**,

QUI RÈGNE À CETTE ÉPOQUE SUR LES STUDIOS : CHAQUE MORCEAU QU'IL PRODUIT SE CHANGE EN OR. IL A PRODUIT **BLONDIE**, **LET'S DANCE** POUR **BOWIE**, ET FAIT DE NOTRE **SHEILA** NATIONALE UNE STAR AMÉRICAINE.

QUAND **MADONNA** MONTE SUR SCÈNE POUR CHANTER **LIKE A VIRGIN** EN DIRECT, ELLE N'A PAS PEUR.

ELLE NE S'EXCUSE PAS. ELLE EST SEXY, MAGNÉTIQUE ET...

L'EFFET MADONNA EST NÉ.
ET ASSORTI D'UN CLIP OÙ
ELLE EST TRÈS LOOKÉE...

... DÈS QU'ELLE LE VOIT, LA JEUNESSE AMÉRICAINE RETOURNE SON DRESSING, ENFILE TOUS SES BRACELETS D'UN COUP ET SON PLUS GROS CRUCIFIX.

TOUT LE MONDE VEUT ÊTRE **MADONNA**. ENFIN TOUT LE MONDE...

COMME PRÉVU, LE FAIT QU'UNE JEUNE FEMME LÉGÈRE ET COURT VÊTUE, PRÉNOMMÉE **MADONE** (L'AUTRE PETIT NOM DE MARIE, MÈRE DE JÉSUS), CHANTE À TUE-TÊTE QU'ELLE SE SENT COMME UNE VIERGE NE LAISSE PAS LA COMMUNAUTÉ CATHOLIQUE INDIFFÉRENTE.

MAIS VOUS A-T-ON DIT QUE MADONNA S'EN FOUTAIT ?
CAR **MADONNA** EST UNE STAR.

AVEC CETTE CHANSON, ELLE PREND LA TÊTE DES VENTES AMÉRICAINES, ET L'ALBUM S'ÉCOULE À PLUS DE 5 MILLIONS D'EXEMPLAIRES AUX ÉTATS-UNIS.

C'EST LA PREMIÈRE FOIS QUE CELA ARRIVE À UNE ARTISTE FEMME.

POUR MADONNA, DÉSIR FÉMININ ET POUVOIR VONT DE PAIR.
ALORS, SUR SON PASSAGE, ELLE ENCOURAGE LES FEMMES À EXPRIMER LEURS AMBITIONS. AU BUREAU, COMME DANS LA CHAMBRE À COUCHER.
BEAUCOUP DE GENS ONT PEUR DE DIRE CE QU'ILS VEULENT.
RÉSULTAT : ILS N'OBTIENNENT PAS CE QU'ILS VEULENT.

ET CE N'EST PAS PAR L'OPÉRATION DU SAINT-ESPRIT, MAIS PAR SA LIBERTÉ ET SON SENS DE LA PROVOCATION QUE **MADONNA** EST DEVENUE LA SAINTE PATRONNE DE TOUTES LES CHANTEUSES POP QUI SONT NÉES DEPUIS.

MTV MUSIC AWARDS 2003

BIKINI KILL

QUAND **BIKINI KILL** A CHANTÉ **REBEL GIRL**

1993. **KATHLEEN HANNA** A LE SENS DE L'OBSERVATION.
ELLE REMARQUE QUE SON PÈRE FRAPPE SA MÈRE.

PLUS TARD, IL NE LUI ÉCHAPPE
PAS QUE LE PREMIER RANG
DES CONCERTS DE PUNK EST RÉSERVÉ
AUX GARÇONS.

ELLE NE TARDE PAS NON PLUS À S'APERCEVOIR QUE TOUT CE QUI EST FÉMININ EST CONSIDÉRÉ COMME NUNUCHE.
ET ELLE N'EST D'ACCORD AVEC RIEN DE TOUT ÇA.
JE SUIS UNE FILLE, ET LE PREMIER QUI ME TRAITERA DE NUNUCHE EST PAS NÉ.

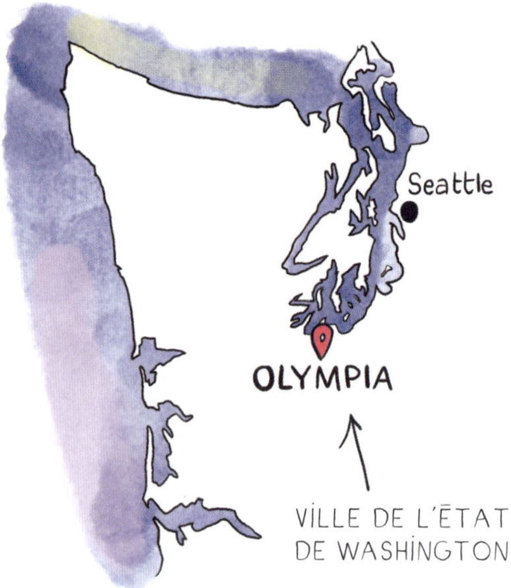

DANS LES BARS ET LES CONCERTS D'**OLYMPIA**, LA VILLE DE L'ÉTAT DE WASHINGTON OÙ ELLE ÉTUDIE, ELLE RENCONTRE DES FILLES QUI PENSENT COMME ELLE.

EN PARTICULIER **TOBI VAIL** ET **KATHI WILCOX**.

VENEZ, LES FILLES, ON MONTE UN GROUPE.
IL SE TROUVE QUE **KATHLEEN** CHANTE,
QUE **TOBI** EST BATTEUSE (ET LA PETITE AMIE DE **KURT COBAIN**, QUI VIENT LUI AUSSI DE CRÉER UN GROUPE QUI S'APPELLE NIRVANA)
ET QUE **KATHI** EST BASSISTE.
ET QU'IL EXISTE DES GARÇONS FÉMINISTES.
VOUS CHERCHEZ PAS UN GUITARISTE ?
BILLY KARREN

BIKINI KILL EST NÉ.
ET ÉVIDEMMENT,
C'EST DU

PUNK

MAIS POUR **BIKINI KILL**,
LA MUSIQUE, C'EST
PRESQUE SECONDAIRE.

MONTER SUR SCÈNE EST D'ABORD POLITIQUE:
C'EST **UNE CONQUÊTE DE TERRITOIRE !**

LES FLYERS DISTRIBUÉS À L'ENTRÉE ANNONCENT LA COULEUR

BECAUSE every time we pick up a pen, or an instrument, or get anything done, we are creating the revolution. We ARE the revolution.*

*"PARCE QUE CHAQUE FOIS QU'ON PREND UN STYLO, OU UN INSTRUMENT, OU QU'ON FAIT QUELQUE CHOSE, NOUS CRÉONS LA RÉVOLUTION. NOUS SOMMES LA RÉVOLUTION."

ET UN SERVICE D'ORDRE FÉMININ FAIT EN SORTE QUE LES CONSIGNES SOIENT RESPECTÉES.

UNE SCÈNE PUNK FÉMININE ET FÉMINISTE ÉMERGE À OLYMPIA

FAISANT DE CETTE VILLE PAUMÉE LE CENTRE NÉVRALGIQUE D'UN TOUT NOUVEAU COURANT MUSICAL, ARTISTIQUE ET POLITIQUE

LES RIOT GRRRL

RIOT, EN ANGLAIS, ÇA VEUT DIRE **ÉMEUTE**

ET **GRRRL**... COMME " FILLE ", MAIS AVEC TROIS R, POUR LA GROGNE.

RIOT DON'T DIET

Satan wears a ///bra/

XO

SMASH Patriarchy

XO

STOP the J word jealousy from Killing girl LOVE

LE MESSAGE EST CLAIR : IL VA FALLOIR FAIRE DE **LA PLACE !**

REBEL GIRL,
L'HYMNE DE CE
COURANT, C'EST
KATHLEEN HANNA,
EN RANGERS
ET MINIJUPE,
QUI L'ÉCRIT.

DANS CETTE
CHANSON,
LA FILLE REBELLE,
CE N'EST PAS ELLE,
MAIS UNE FILLE
QU'ELLE ADMIRE,
UNE COPINE
D'ENFANCE SI COOL
QU'ELLE NE SAIT
PLUS SI ELLE VEUT
LUI RESSEMBLER,
ÊTRE SON AMIE,
OU SA PETITE
COPINE.

C'EST UNE CHANSON
SUR LA FORCE
DE **L'AMITIÉ**
FÉMININE.
UNE CHANSON OÙ
LA FILLE COOL,
ON L'ADMIRE,
PAS DE PLACE
POUR LA JALOUSIE !

EN CE DÉBUT DES ANNÉES 1990, C'EST **RÉVOLUTIONNAIRE**.

TOUTE UNE GÉNÉRATION DÉCOUVRE QUE LES "TRUCS DE FILLES" SONT LOIN D'ÊTRE NUNUCHES. ET QU'ENSEMBLE, ON EST PLUS FORTES.

ON EST AU DÉBUT D'UNE **NOUVELLE VAGUE FÉMINISTE**.

ET AVEC CETTE CHANSON, **KATHLEEN, TOBI ET KATHI** ONT PLANTÉ UNE GRAINE QUI N'A PAS TARDÉ À GERMER.

C'EST CETTE GRAINE QUI A FAIT ÉMERGER **FIONA APPLE**

ET **ALANIS MORISSETTE**, CONTEMPORAINES DE **BIKINI KILL**,

PUIS CHANTER **BETH DITTO** (THE GOSSIP, VENUE D'OLYMPIA ELLE AUSSI),

ET MÊME... LES SPICE GIRLS, DANS LA FOULÉE.
D'AILLEURS, C'EST À KATHLEEN
QU'ELLES EMPRUNTENT LEUR DEVISE:
GIRL POWER!

QUEEN
LATİFAH

QUAND
QUEEN LATIFAH
A CHANTÉ
U.N.I.T.Y.

EN 1993,
DANA OWENS
A 23 ANS,

3 ALBUMS DERRIÈRE ELLE (DONT LE PREMIER S'APPELLE **LADIES FIRST**) ET UN PSEUDO QU'ELLE S'EST CHOISI :

LATIFAH

CAR POUR S'IMPOSER, DANS UN MILIEU BLINDÉ DE TESTOSTÉRONE,

ELLE CONSIDÈRE QU'ÊTRE UNE FEMME N'EST PAS UN HANDICAP, MAIS **UNE FORCE**.

LATIFAH ASSUME SA SENSIBILITÉ, ET ELLE ASSUME AUSSI QU'ELLE VEUT RÉGNER. ALORS ELLE S'OFFRE UN TITRE DE NOBLESSE.

ELLE SERA

QUEEN LATIFAH

ET SUR SA TÊTE, EN GUISE DE COURONNE, UN CHAPEAU AFRICAIN QUI DEVIENDRA SA SIGNATURE.

EN 1993, AUX ÉTATS-UNIS, LA CULTURE **HIP-HOP** A DÉJÀ UNE LONGUE HISTOIRE. ET UNE GÉOGRAPHIE.
LOS ANGELES
Compton
À L'OUEST, C'EST LE GANGSTA RAP : CHRONIQUE BRUTE DE LA VIE DU GHETTO, DES VIOLENCES POLICIÈRES. ET UN BEAU NIVEAU DE MISOGYNIE.
POLICE

À L'EST, ON PARLE AUSSI DISCRIMINATIONS, MAIS SELON LE MANTRA ORIGINEL DU RAP NEW-YORKAIS : **PAIX, AMOUR, UNITÉ ET FUN**.

C'EST DONC LÀ QUE SE SITUE **QUEEN LATIFAH**,
DANS LA PAIX ET L'AMOUR.

À CONDITION QU'ON VIENNE PAS
TROP LA CHERCHER, BIEN SÛR.

*SALOPE!

*C'EST QUI QUE TU TRAITES DE SALOPE ?

CE LANGAGE FLEURI EST TIRÉ DES PAROLES DE **U.N.I.T.Y.**
BITCH
BAD MOTHER FUCKER
WHORE
FUCK HOES
DANS CETTE CHANSON, ON TROUVE PEU OU PROU TOUTES **LES INSULTES** QU'UNE FEMME REÇOIT RÉGULIÈREMENT EN PLEIN VISAGE.
BITCH
WHORE
DES MOTS HABITUELLEMENT CENSURÉS À LA RADIO...

… MAIS QUI NE LE SONT PAS QUAND
ILS SONT RAPPÉS PAR **QUEEN LATIFAH**.

ELLE SE SAISIT DU RAP POUR PARLER DE LA SITUATION DES FEMMES DANS SA COMMUNAUTÉ :

INSULTES,

VIOLENCES CONJUGALES,

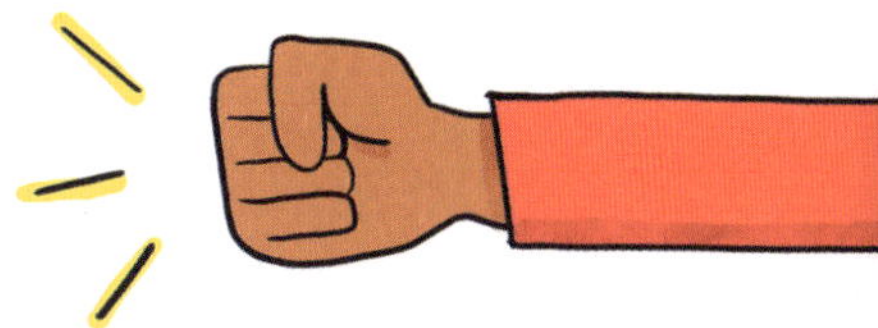

HARCÈLEMENT DE RUE...

ET ELLE APPELLE LES FEMMES À FAIRE FRONT.

EN 1967, DANS LE PREMIER HYMNE FÉMINISTE AFRO-AMÉRICAIN, **ARETHA FRANKLIN** ÉPELLE LE MOT :

EN 1993, LA REINE **LATIFAH** ÉPELLE LE MOT :

IL N'EST PLUS SEULEMENT QUESTION DE SE FAIRE RESPECTER. IL S'AGIT AUSSI DE **SORORITÉ**.

AVEC **U.N.I.T.Y**, QUEEN LATIFAH DEVIENT UNE GRANDE **FIGURE DU RAP. ET DU FÉMINISME**.

LE PREMIER ARTISTE ISSU DE LA CULTURE HIP-HOP
À AVOIR SON ÉTOILE SUR LE CÉLÈBRE **WALK OF FAME**,
C'EST ELLE.

QUEEN LATIFAH, LA REINE QUI OUVRE UNE VOIE EN FAISANT
DU RAP, UN MONDE DANS LEQUEL LES FEMMES PRENNENT LES RÊNES.

BEYONCÉ

QUAND BEYONCÉ A CHANTÉ RUN THE WORLD

EN 2011, **BEYONCÉ KNOWLES** EST DÉJÀ BIEN INSTALLÉE SUR SON TRÔNE DE QUEEN B.
ARTISTE MULTIMILLIONNAIRE,
COUVERTE DE RÉCOMPENSES,
ELLE INCARNE UN MODÈLE DE "BUSINESS WOMAN" INDÉPENDANTE
OHOHOHOHOHOHOHOHOHOH
ET A DÉJÀ PLUSIEURS HYMNES FÉMINISTES À SON ACTIF.

ON PEUT SE PERMETTRE D'AFFIRMER QU'ELLE N'A PLUS RIEN À PROUVER À PERSONNE.

MAIS B N'EST PAS DU GENRE À S'ENDORMIR SUR SES LAURIERS.

UNE MAQUETTE ATTIRE SON ATTENTION ALORS QU'ELLE CHERCHE DES MORCEAUX POUR SON PROCHAIN ALBUM.

BEYONCÉ COMMENCE SA CARRIÈRE AU DÉBUT DES ANNÉES 1990 AU SEIN DU GIRLS BAND DESTINY'S CHILD.

ET COMME LE LABEL NE SAIT PAS ENCORE QU'ELLES VONT DEVENIR DES STARS, IL LES LAISSE FAIRE CE QU'ELLES VEULENT.

BEYONCÉ PREND ILLICO LE CONTRÔLE DE SA MUSIQUE. POUR NE PLUS JAMAIS LE LÂCHER.

BEYONCÉ DÉCIDE DE PARTAGER LE POUVOIR AVEC SES CONSOEURS.

ET CETTE MAQUETTE, ELLE COMPTE EN FAIRE UNE CHANSON **D'EMPOUVOIREMENT FÉMININ COLLECTIF**.

LE GENRE DE CHANSON QU'IL SUFFIT D'ENTENDRE POUR SE SENTIR PLUS FORTE.

BEYONCÉ COÉCRIT DES PAROLES DONT LE MESSAGE EST CLAIR : CE SONT LES FEMMES QUI FONT TOURNER LA BARAQUE.

MAIS AU MOMENT DE METTRE AU POINT LA CHORÉGRAPHIE POUR LE CLIP, ÇA PATINE.

BEYONCÉ NE LAISSE PAS TOMBER : SUR INTERNET, ELLE A VU DES DANSEURS DONT LES PAS LUI PLAISENT.

ON LES FAIT VENIR DU MOZAMBIQUE JUSQU'À LOS ANGELES, ET ÇA Y EST, ENFIN, TOUS LES ASTRES SONT ALIGNÉS.

TOUS LES INGRÉDIENTS SONT LÀ POUR QUE **BEYONCÉ** RACONTE CE QU'ELLE VEUT RACONTER.

AVEC CETTE CHANSON, **QUEEN B** DÉCLARE
QUE FÉMININ, ÇA VEUT DIRE PUISSANT.

LE SAMPLE DE **MAJOR LAZER** QUI SONNE COMME UN TAMBOUR MILITAIRE DONNE À LA CHANSON UNE ALLURE DE MARCHE.

CAR **RUN THE WORLD**, C'EST LA MARCHE D'UNE ARMÉE DE FEMMES, ET C'EST AUSSI UNE MARCHE DE PLUS GRAVIE PAR LA QUEEN **BEYONCÉ**.

RETROUVEZ LES TUBES DE CE LIVRE
SUR VOS PLATEFORMES

Crédits des illustrations

p. 10 : Affiche de Hair, par Alexius Ruspoli-Rodriguez.
p. 10 : Ain't got no, I got life, chanson écrite par James Rado, Gerome Ragni et Galt MacDermot.
p. 28 : logo Columbia avec leur aimable autorisation.
p. 30 : Piece of my heart, chanson écrite par Jerry Ragovoy et Bert Berns.
p. 48 : pochette du disque d'Anne Sylvestre avec l'aimable autorisation de ses ayants-droits.
p. 78 : œuvre de l'artiste J. R. Clayton, gravée par Dalziel Brothers.
p. 81 : Portrait de Rimbaud d'après la photographie d'Étienne Carjat.
p. 95 : Andy Warhol « Portrait de Blondie » - "Œuvre d'art dérivée d'Andy Warhol créée par Bayard Graphic & Arte Editions en 2023 et utilisée avec l'autorisation de The Andy Warhol Foundation for the Visual Arts, Inc." - © The Andy Warhol Foundation for the Visual Arts, Inc. / Licensed by ADAGP, Paris 2023
p. 107 : reproduction du logo Dunkin' Donuts avec leur aimable autorisation.
p. 125 : flyers des Bikini Kill par Jason Willis.
p. 152 : couverture de Rolling Stone avec leur aimable autorisation.